¿Qué es el teletrabajo?

Marina Kabat

17

Biblioteca de la UNI

Ediciones ryr

Tan antiguo como el capitalismo

Hace ya varias décadas que comenzó a hablarse de teletrabajo para referirse al trabajo efectuado por el obrero en su domicilio mediante el uso de la computadora. Este fenómeno fue presentado, la mayoría de las veces, como una novedad absoluta. Sin embargo, la realización de trabajo asalariado en el domicilio del obrero es tan antigüo como el sistema social en que vivimos. De hecho, las relaciones sociales capitalistas comienzan a formarse, antes de aparecer en las grandes fábricas londinenses, en parajes rurales británicos, donde los obreros recibían la mercadería que debían procesar para sus patrones. Este sistema fue conocido como "Putting out system" o "Verlag System". En diferentes geografías el *Putting out system* asumió distintas modalidades, pero en todas partes jugó un rol central en la transición del feudalismo al capitalismo. En un primer momento, el trabajador empleado bajo la modalidad del *Verlag System* realizaba prácticamente el conjunto del proceso productivo. Es decir, la división del trabajo era mínima. No existía aún una fragmentación sistemática del proceso de trabajo en pequeñas tareas que se asignaran en forma permanente a diversos obreros. Es decir, todavía no se había desarrollado la manufactura. El *Verlag System* puede considerarse una forma de cooperación simple, dislocada en términos territoriales.

Con el desarrollo de los grandes talleres manufactureros (donde, aunque el trabajo aun es manual, se organiza en base a una sistemática división de tareas) y, luego, las fábricas (donde el trabajo se organiza en torno a un sistema de máquinas), el trabajo domiciliario se transforma y redimensiona. La división del trabajo en los talleres manufactureros es trasladada también al trabajo en el domicilio de los obreros.

La división de tareas facilita la expansión y perfeccionamiento de la forma de pago típica de la manufactura y del trabajo a domicilio: el pago a destajo. Cuando en vez de cobrar por un mes o un día de trabajo el obrero recibe una suma fija por cada tarea realizada recibe un salario a destajo. Algunos ejemplos son la costurera que cobra por cada par de pantalones que ha cosido, el peón rural que cobra por cada kilo de verdura recolectada o un vendedor que cobra por cada venta realizada. Con el pago a destajo, el empresario ahorra recursos que, de otra forma, hubiera destinado a controlar a los obreros. Es decir, no precisa pagar capataces. La gente trabaja rápido para cobrar más. Como la paga depende de la cantidad de piezas realizadas, el mismo obrero tiende a ampliar su ritmo de trabajo. Aparece aquí el problema de la autoexplotación.

Sin embargo, el costo de traslado de piezas e insumos se multiplica con la mayor escala de producción y con la división de tareas. El trabajo domicilio tiende entonces a concentrase geográficamente: la actividad antes dispersa en zonas rurales se congrega en los suburbios urbanos más empobrecidos. Incluso, encontramos barrios obreros enteros que se especializan en una actividad domiciliaria particular. Aparecen así los primeros problemas asociados al trabajo a domicilio: el uso de un mismo y reducido espacio para vivir y trabajar, sin luz y ventilación suficiente.

Más tarde, el proceso de trabajo vuelve a reunirse en las fábricas. Donde las actividades se mecanizan y automatizan por completo, el trabajo a domicilio desaparece. Pero, allí donde algunas tareas subsidiarias mantienen un carácter manual y ocupan, por ende, mucha mano de obra, el trabajo a domicilio persiste y se transforma en el departamento exterior de estas

grandes fábricas. Tareas simples, muchas veces manuales, que requerían mucha fuerza de trabajo eran ejecutadas de esta manera en los suburbios urbanos. El desarrollo de la máquina de coser produjo una revolución en este ámbito. La máquina de coser, por su naturaleza, permitía lo que Marx denominó un "uso artesanal de la máquina". Es decir, el uso de esa maquinaria por parte del obrero individual y, por ende, su incorporación al trabajo domiciliario.

Concentración y desconcentración del trabajo: los ciclos históricos

A lo largo de la historia del capitalismo, hubo diferentes tendencias hacia la concentración y desconcentración del trabajo. Estas obedecieron a los cambios técnicos y también a la lucha de clases. En términos generales, el trabajo a domicilio ofrece ciertas ventajas y otras tantas desventajas desde el punto de vista patronal. Las ventajas son básicamente tres. Por un lado, el ahorro en infraestructura, edificios y gastos corrientes de su operación. Por otro lado, la dispersión de los obreros, lo que debilita (sin impedir) su organización y lucha. Esto último es la raíz de muchas características comúnmente asociadas con el empleo a domicilio: bajos salarios, extensas jornadas, pago por parte del obrero de gastos propios de la producción. A su vez, el trabajo domiciliario permite la explotación del trabajo femenino, infantil y de personas que no podrían movilizarse hasta los talleres.

Como contrapartida, el trabajo a domicilio genera mayores gastos en el control de la mercadería, transporte, contabilidad, por lo que, a cierta escala de producción, puede resultar más eficiente la producción centralizada. Algunas diferencias técnicas pueden actuar en este mismo sentido: en ciertos períodos las máquinas de coser domiciliarias eran movidas a pedal, mientras las empleadas en los grandes talleres contaban con suministro eléctrico, lo que generaba una ventaja productiva.

Sin embargo, el desarrollo de talleristas, que actúan como intermediarios entre las grandes fábricas y los obreros domiciliarios, permite salvar gran parte de las desventajas que el trabajo a domicilio puede presentar desde el punto de vista de las grandes empresas. En principio simplifica la cuestión logística y puede favorecer una mayor renovación técnica de la que sería posible si la fábrica contratara en forma directa al obrero individual con su propia maquinaria. Esta tercerización permite también a la empresa, hasta cierto punto, desligarse de problemas laborales. El empleador, y responsable frente a los obreros, pasa a ser el tallerista.

También la relación entre el fabricante, el tallerista y el obrero depende de cada coyuntura histórica, del marco legal particular de cada época y país, y centralmente de la lucha de clases. Por ejemplo, en la Argentina la fábrica que encarga el trabajo a domicilio mantiene una responsabilidad legal respecto del obrero que ejecuta el trabajo. De esta manera, ante ausencia de pago, despido o cualquier otra falta el obrero puede hacer juicio tanto al tallerista como a la fábrica para la cual trabaja. Como dijimos, estas cuestiones dependen siempre de la lucha de clases. Por eso, si bien la ley ha sido la misma en la Argentina de los últimos 80 años, su grado de cumplimiento (o incumplimiento) ha variado mucho con el tiempo.

En todo el mundo el trabajo a domicilio disminuye entre la década del '40 y la del '60, y hasta llega a estar prohibido en algunos países. En otros, la lucha obrera y la legislación específica reducen sus ventajas para la patronal. Los salarios del trabajo a domicilio suben y las jornadas se acortan. Por ejemplo, en la Argentina, las tarifas del trabajo a domicilio se calculan sobre la base del salario diario del obrero que trabaja en fábrica con jornada de 8 horas y su producción promedio, de tal manera que un trabajador domiciliario trabajando al mismo ritmo pudiera ganar lo mismo que un obrero de fábrica con salario mensualizado. Del mismo modo, todos los derechos del obrero fabril, como aguinaldo y vacaciones, se hacen extensivos al trabajador domiciliario. En estas condiciones, el trabajo a domicilio deja de ser tan atractivo para los empresarios por lo que, aun sin una legislación que lo prohíba, pierde importancia.

Pero el trabajo a domicilio vuelve a expandirse desde mediados de los '70. Ciertos cambios técnicos, y el consecuente aumento de la productividad, en los países donde la producción se limita al mercado interno, llevan a un acortamiento de la temporada de trabajo. Sin trabajo estable todo el año, la contratación más precaria vía trabajo a domicilio vuelve a resultar más atractiva, especialmente en un contexto de retroceso de la lucha de clases.

Desde mediados de los '70 el alza del desempleo favorece el regreso del trabajo a domicilio y también el crecimiento del trabajo no registrado (el empleo en negro) en el sector. En la Argentina, desde ese momento, progresivamente se desmantelan los organismos dependientes del Ministerio de Trabajo que controlaban el cumplimiento de las normas laborales entre los trabajadores a domicilio. Sube el número de obreros a domicilio, pero cada vez hay menos de ellos que estén registrados. Por ejemplo, en toda la Ciudad Autónoma de Buenos Aires en 2014 había solo 54 trabajadores a domicilio registrados en todos los sectores (confección de ropa, calzado, juguetes, etc.), cuando en realidad había, según distintos cálculos, entre 50.000 y 100.000 costureros solamente, que obviamente no estaban registrados.

Por las peores condiciones laborales que ofrece el trabajo a domicilio suele reclutar a los sectores más vulnerables de la clase obrera. En las últimas décadas en particular, ha aumentado el empleo de inmigrantes como trabajadores domiciliarios. En los países con leyes migratorias restrictivas, el trabajo a domicilio permite a los empresarios el empleo clandestino de extranjeros. La confluencia de las malas condiciones laborales, el empleo no registrado y el carácter extranjero de estos obreros ha llevado muchas veces a hablar de "trabajo esclavo" o trata de personas. Sin embargo, salvo contadas excepciones, nos encontramos frente a un trabajo asalariado voluntario.

Lo viejo y lo nuevo: del trabajo a domicilio al teletrabajo

A este ciclo de expansión del trabajo a domicilio en sus campos de acción tradicionales abierto a mediados de los '70, en las últimas décadas se sumó el denominado teletrabajo. Este no es otra cosa que el desarrollo del trabajo a domicilio en nuevas actividades, con nuevas máquinas y herramientas. Sociólogos y especialistas en relaciones laborales intentaron negar tal continuidad y presentar el teletrabajo no solo como un fenómeno por completo nuevo, sino incluso, como lo contrario del viejo trabajo a domicilio. De tal modo, se destacó que, frente a las viejas tareas repetitivas, descalificadas y mal pagas del antiguo trabajo a domicilio, el teletrabajo implicaría trabajadores altamente calificados ocupados en tareas creativas y con condiciones de empleo favorables.

Para entender la naturaleza del proceso de trabajo es necesario considerar los medios de producción empleados. Arranquemos por ahí. En este punto el problema central es reconocer la naturaleza de la computadora. He aquí la cuestión más tramposa de todas: la computadora puede ser usada como una máquina o como una herramienta. Una herramienta es operada por el obrero de cuya habilidad depende el trabajo. En cambio, las máquinas realizan ellas el trabajo siendo apenas auxiliadas por el obrero (quien les provee materia prima, las ajusta si se descalibran, retira las piezas fabricadas). La herramienta auxilia al obrero. En el caso de la máquina, por el contrario, el operario pasa a auxiliarla. Se convierte en un apéndice de la máquina.

En el marco de un trabajo intelectual, la computadora es una herramienta, pero no una máquina. Para un escritor, un periodista, por ejemplo, la PC es la herramienta mediante la cual el obrero realiza su trabajo: escribe, busca información, etc. Pero la tarea sigue siendo ejecutada por el obrero y de su destreza depende el resultado del trabajo. La computadora lo auxilia a él y no al revés.

Pero, para ciertas tareas para las cuales se han desarrollado el software es posible remplazar el trabajo que anteriormente desarrollaba el obrero. En ese caso, la PC opera en el proceso productivo como una máquina. El obrero se limita a suministrar los insumos a esa máquina para que esta trabaje y realice las operaciones que antes hacía el obrero. La tarea principal la realiza la máquina, mientras que el obrero solo cumple una tarea auxiliar. Esto hizo que se multiplicaran las tareas asociadas a proveer a la máquina de sus insumos, es decir los datos a procesar. Los "data entry" se dedican a esta tarea, que es una de las principales actividades que recurren al teletrabajo.

En muchas actividades de oficina podría decirse que nos encontramos en una etapa transicional, donde algunas tareas se han mecanizado (muchas actividades contables, por ejemplo), pero sin llegarse a mecanizar el conjunto del proceso productivo. Nos encontramos así en una etapa transicional denominada manufactura moderna.

Debemos recordar que la dinámica de la manufactura lleva no solo a especializar al obrero, sino también a su herramienta. Allí donde la tarea humana sigue siendo el factor central, los distintos programas destinados a realizar todo tipo de tareas mediante la computadora han provisto herramientas particulares para tareas específicas, ampliando la división de tareas y la productividad. A su vez, cabe recordar que, en la mayoría de las ramas, el desarrollo de la manufactura habilita una mayor expansión del trabajo domiciliario. La fragmentación de tareas favorece el pago a destajo y, por ese medio, permite un más fácil control del trabajo realizado en el domicilio del obrero.

Sin embargo, no todo marcha en el mismo sentido: mientras unas tareas se dividen, otras concentran. La simplificación de tareas de oficina redujo en forma drástica las filas del antiguo ejército de secretarias. Hoy solo puestos de alta jerarquía son complementados por un asistente, en tanto otras categorías laborales que antes disponían de personal auxiliar hoy carecen de esa figura de ayudante de oficina. El mismo obrero realiza las tareas en su propio ordenador, responde su mail y así sucesivamente. Como estas tareas pueden realizarse en mucho menor tiempo que antes, pueden incluirse entre las tareas del obrero principal, quien ya no necesita que una secretaria que tipee sus escritos, envíe su correo, etc.

La incorporación de la computadora en muchas actividades de servicios ha tenido un impacto hasta cierto punto similar al que tuvo en su momento la máquina de coser dentro de la industria de la confección. Por una parte, la PC aparece como un nuevo factor que transforma la naturaleza del trabajo. Por otra parte, su pequeña dimensión y su posibilidad de propiedad individual permite un uso "artesanal", donde un obrero aislado emplea la herramienta en su propio domicilio. Pero, al mismo, tiempo, por su versatilidad, la computadora ha generado una multitud de otros cambios en el proceso productivo.

El desarrollo de internet, por ejemplo, revolucionó las comunicaciones permitiendo no solo la ampliación del trabajo domiciliario, sino su dispersión geográfica a una escala antes inimaginada. Como vimos, en contraste con lo que ocurría con el *Verlag System* en los inicios del capitalismo, el trabajo a domicilio moderno (el que estaba asociado a una producción manufacturera o fabril) se concentraba en las ciudades, en los barrios aledaños a las fábricas y talleres. Con la computación esto ya no es necesario. La dislocación espacial del trabajo puede darse a escala internacional. Esto amplía en forma notoria el mercado de trabajo al cual una empresa dada puede recurrir, incrementando así la competencia entre los obreros, incluso a nivel internacional. El traslado de *call centers* hacia países con mano de obra más barata es prueba de ello.

A nivel particular, en ciertas industrias, la computadora y las maquinarias accesorias como las impresoras, *scanners*, etc. permitieron concentrar en equipos de poco tamaño y relativamente escaso valor tareas que antes requerían herramientas más costosas. Esto ha permitido, por ejemplo, el desarrollo del trabajo a domicilio en la rama gráfica. En este sector las diferentes mudanzas técnicas a lo largo del tiempo generaron sucesivas oleadas de concentración y desconcentración del proceso productivo.

Volviendo al sector servicios, es interesante observar la evolución que tuvieron algunas tareas en las que hoy se recurre al teletrabajo. La primera es el registro escrito de conversaciones, charlas, entrevistas o cualquier comunicación oral. Esta actividad se realizaba tradicionalmente mediante la estenografía. La estenografía es un método de escritura rápida que permite escribir a la misma velocidad con la que se habla, mediante el recurso de trazos breves, abreviaturas y signos especiales. Una secretaria podía tomar nota estenográfica de una reunión o de una carta que su jefe le dictaba y luego tipearla en la máquina de escribir. En una empresa pequeña una misma secretaria solía cumplir ambas funciones, entre muchas otras. En cambio, en una firma de mayor tamaño estas tareas eran habitualmente asignadas a personas especialmente formadas y designadas a tal fin (estenógrafa, dactilógrafa, recepcionista, telefonista, etc.), lo que da cuenta, una vez más, del carácter manufacturero del trabajo de oficina. Hasta 1988 los bachilleratos nacionales de la Argentina tenían dentro de su plan de estudio la materia estenografía, la cual fue retirada, junto con el latín, a través de una modificación curricular que tuvo lugar en 1989.

Por esa misma época, una empresa de electrodomésticos publicitaba su grabador doble casetera a través de una escena donde dos ejecutivos acompañados por sus respectivas secretarias tenían una reunión. Una secretaria de aspecto muy formal, rígido y algo antiguo tomaba notas estenográficas, mientras que la otra de aspecto joven y moderno solo apretaba play en la grabadora. Al final de la reunión,

Una antigua oficina...

La computadora simplificó las tareas de oficina y redujo el número de personas necesarias para realizar estas tareas.

ambos jefes consultaban a sus secretarias por la copia de la reunión. La secretaria más tradicional prometía el trabajo para el día siguiente a la tarde, mientras que la joven, entregaba en el momento una casete con la copia del audio de la reunión. Efectivamente, las grabaciones de audio, hoy incorporadas al software de las computadoras, han mecanizado esa parte de la tarea, el registro de lo conversado oralmente, eliminando directamente la tarea de estenógrafos en la práctica común de oficina. En realidad, la estenógrafa realizaba dos tareas, tomar el registro oral codificando de lo que oía al que en un segundo momento decodificaba transformándolo en un texto tipeado. La primera tarea se eliminó mediante la mecanización y la segunda se mantuvo en principio en su forma manual, pero se simplificó pues dejó de ser necesario el conocimiento específico de estenografía para realizarlo. Esta segunda tarea, la desgravación de audios se convirtió en una de las actividades de realización más frecuente mediante teletrabajo.

La misma magnitud del trabajo que representaba la desgravación de audios se transformó en un estímulo para su mecanización. Sobre esta base se crearon diferentes programas para la transcripción de audios. Por el momento, el uso de estos programas está mayormente limitado a servicios de atención al cliente, subtitulación de contenido y catalogación de archivos de sonido, ya que todavía presentan déficits: no reconocen nombres propios o vocabulario técnico, además de producir textos con importantes errores de puntuación. Por esto el software aun no elimina el trabajo humano en esta tarea, ya que las transcripciones realizadas mediante estos programas deben ser revisadas por una persona que corrija el texto. Con todo, este software representa un importante avance de la mecanización, sobre todo si se consideran los últimos desarrollos tendientes a resolver los problemas existentes como la creación de software específico para la transcripción de audios técnicos de ciertas especialidades, como ocurre en la medicina.

En el registro y transcripción escrita de audios la mecanización avanzó mucho, pero sin que la misma se haya completado por el momento. El software dedicado a realizar traducciones muestra una evolución similar: por el momento, salvo en traducciones simples, no puede ser empleado para remplazar el trabajo de los traductores. Ha mejorado significativamente en los últimos años, incorporando no solo palabras sino frases o expresiones idiomáticas comunes. Esto permite su uso para la traducción de textos de la lengua extranjera a la lengua nativa de quienes desean leer un documento. O la traducción automática de breves artículos u otros contenidos de páginas web. En esos casos, el lector consciente de las deficiencias de la traducción puede captar el sentido general o chequear las frases dudosas. Sin embargo, los textos traducidos de esta forma no son aptos para publicar por sus frecuentes errores gramaticales y traducciones literales que cambian el sentido de muchas frases.

El desarrollo de software específico sumado a la tecnología de la comunicación ha afectado radicalmente otro rubro laboral. El asociado a los antiguos encuestadores. Sea en persona o telefónicamente, las encuestas eran en su mayoría realizadas por un encuestador. Hoy esa figura se ha visto extremadamente reducida, raleada bien por encuestas automáticas realizadas en forma telefónica o bien por encuestas *on-line*. El paradigma de la actividad se ha transformado de un modo tan radical que quien era antes el objeto de la encuesta es considerado hoy la persona que realiza el trabajo. De tal forma uno de los principales trabajos que se demandan *on-line* es el de "completar encuestas". Tradicionalmente, se captaba la atención o benevolencia de los encuestados mediante la promesa de distintos "obsequios" que se entregaban al finalizar la encuesta. Hoy, se mantienen los obsequios, la mayoría de las veces bajo la forma de cupones o *vouchers* de compra, pero también se ofrece un pago por completar las encuestas. Esta tarea encabeza la lista en los portales que tratan de llamar la atención de amas de casa ofreciéndoles trabajo remunerado desde su hogar a un click de su computadora. Efectivamente, como el encuestado autocompleta su encuesta *on-line*, realiza parte del trabajo que antes hacía el encuestador. En ese sentido la compensación por completar la encuesta corresponde tanto al anterior "obsequio" como a parte del salario que el encuestador recibía por su tarea.

Teletrabajo en nuevas y viejas actividades del sector terciario

Tradicionalmente se ha dividido la economía en sector primario (pesca, minería agricultura y ganadería), sector secundario (el procesamiento de esas mercaderías: básicamente la industria) y terciario (todos los servicios asociados con venta, logística, trabajo administrativo, pero también recreación y turismo). En los últimos 30 ó 40 años se ha hablado de *tercerización de la economía* para referirse al crecimiento del sector terciario en relación con el sector primario y secundario. Se trata de un aumento del número de personas empleadas en servicios en comparación con el de los trabajadores ocupados en los sectores primario y secundario. En los sectores primario y secundario la mecanización avanzó en forma más rápida con lo cual el empleo en ellos se estancó e inclusive se redujo. Esto genera un fuerte contraste con los empleos del sector terciario que siguen aumentando. No se trata de que el sector terciario en términos económicos sea más importante que los otros, sino que, debido a su menor mecanización, emplea más trabajadores que los otros sectores.

Es en este sector terciario que el teletrabajo tiene mayor impacto. Como señalamos, muchas de las actividades más afectadas por el teletrabajo se asocian a las tareas tradicionales de oficina. Ventas y asesoría de clientes es uno de los rubros que generó un mayor número de empleos domiciliarios en posiciones poco calificadas, seguidas bastante atrás por actividades de gestión de cobranzas y otras tareas accesorias a las ventas. Se trata de puestos como telemarketers, teleoperadores, asesores comerciales o representantes de ventas. En general, estas personas ejecutan en sus casas las mismas tareas de que podrían realizar en un *call center*, esas grandes oficinas donde decenas o cientos de jóvenes realizan o reciben llamadas telefónicas. Solo que, en vez de la computadora y el teléfono de la empresa, se usan los del trabajador. Más allá del medio de comunicación empleado y de la localización del obrero, la tarea sigue siendo manual. En el caso de una venta, por ejemplo, el empleado ofrece el producto o servicio al potencial cliente. El éxito de la venta dependerá de la persuasión, simpatía y otras características o habilidades del vendedor. El abaratamiento de las comunicaciones ha permitido realizar estas ventas telefónicamente, pero la naturaleza de la actividad no se ha transformado. Su esencia sigue siendo la de la venta espontánea. No se diferencia de manera radical de la venta por timbreo, puerta a puerta, que era común en la Argentina hasta inicios de los años '90 para la venta de servicios tales como televisión por cable,

La tercerización de la economía

Como se ve en el cuadro, los empleos en servicios (sector terciario) tienden a crecer en relación con el resto de los empleos (sector primario y secundario).

Porcentaje de empleo en sector servicios, a nivel mundial

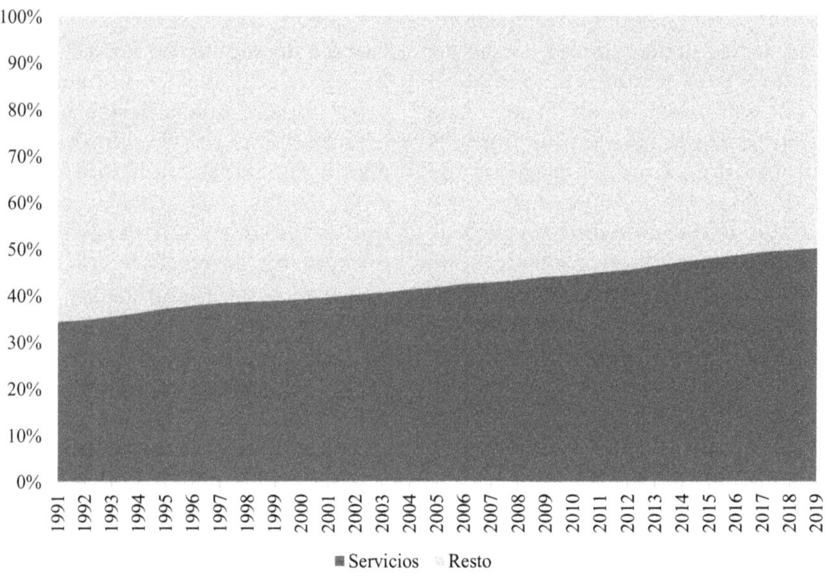

Fuente: Banco Mundial.

atención de urgencias o traslados hospitalarios. Hoy ese tipo de servicios se ofrecen exclusivamente por medio de *telemarketing*.

De un rápido rastreo de los empleos ofrecidos en la Argentina en modalidad de teletrabajo en portales que concentran este tipo de anuncios (Google Jobs, ZonaJobs, etc.) se observa que la inmensa mayoría de ellos está asociado a ventas. Los requisitos de formación previa son bajos. Generalmente solo hace falta haber terminado la escuela secundaria, pero en algunos casos se indica que esto no es excluyente. En general, las empresas demandan personas con buena dicción y tolerancia a la frustración. Es decir, se piden personas que hablen claro, soporten quejas de clientes o que puedan continuar promocionando un producto después de haber sido rechazadas decenas de veces. En ocasiones, se pide experiencia en *telemarketing*, en atención al cliente o en la venta de algún tipo de producto específico. Fue llamativo encontrar un aviso para un agente de cobranza en Córdoba, en Próximo Contact Center, que indicaba como requisito "no tener más de tres (3) años en posiciones de agente telefónico, en caso de haber trabajado en *call center*". Esto último debe asociarse con el rápido desgaste de la fuerza de trabajo empleada en estas tareas (tanto en *call centers* de la empresa como en la casa de los trabajadores). Pérdida de la audición, nódulos en las cuerdas vocales, *burn out* producto del estrés psíquico de la atención constante a clientes, son

las enfermedades profesionales más habituales dentro del sector.
Amazon, una de las mayores empresas mundiales de venta *on-line* ofrecía al momento de escribir este libro más de 1.000 puestos de trabajo *on-line* en el mundo. La mitad de ellos en ventas o asistencia a clientes (anunciados como "Sales, Advertizing & Acount Managment" o "Arquitect Solutions"). La otra mitad de sus ofertas de empleo se repartía en una multitud de actividades, desde recursos humanos a diseños de software y mantenimiento de sistemas. Precisamente, la mayoría de las nuevas actividades creadas por el desarrollo de la computación y las nuevas tecnologías de la comunicación son plausibles de desarrollarse en el domicilio del trabajador. Analista de sistemas, programadores, administradores de redes sociales son algunas de las profesiones surgidas con el desarrollo de la computación e internet que pueden ser perfectamente realizadas por los trabajadores desde sus hogares.
En el escalón más bajo del teletrabajo aparecen los empleos que buscan captar a amas de casa o desocupados bajo el anzuelo de ganar "ingresos extra". En general son tareas simples que van desde completar encuestas a dar *like* a publicaciones *on-line*. Los problemas suelen ser baja paga, alta rotación, incumplimiento de pago. Muchas veces una persona que pasó todo un día cliqueando la computadora para dar *likes* a una publicación no recibe ningún cobro si esa publicación no alcanzó la visibilidad esperada en la web.

Trabajo a domicilio, teletrabajo y patriarcado

Los especialistas en relaciones del trabajo desconocen la historia y destacan como novedosos algunos rasgos del teletrabajo que ya estaban presentes en el trabajo a domicilio hace más de 200 años. Insisten en los supuestos beneficios para grupos laborales que tienen dificultades para conseguir empleo de otro modo. De tal forma, proponen incentivar su extensión entre mujeres o personas con algún tipo de discapacidad física.
Hoy muchos promueven el teletrabajo como una opción ideal para las mujeres con los mismos argumentos que la Iglesia usaba hace 100 años para defender el trabajo a domicilio. Para la Iglesia, ese trabajo a domicilio de la mujer era un mal menor frente al ingreso femenino en el mundo fabril, considerado peligroso en términos morales. Por eso, la Iglesia afirmaba que la mujer que se empleaba a domicilio podía complementar mejor tareas familiares y laborales. Sin embargo, históricamente, la evidencia muestra lo contrario: jornadas más extensas, salarios inferiores, condiciones laborales que empeoran las condiciones de vida de toda la familia: en la zona sur de la ciudad de Buenos Aires, en los barrios y villas donde se concentra la actividad de costureros que trabajan a domicilio, se observa un mayor número de casos de tuberculosis, mayor incidencia del trastorno del espectro autista en niños, y de accidentes laborales/domésticos infantiles (accidentes donde menores de edad son heridos por las herramientas laborales de sus padres).
A contramano de las recomendaciones, antiguas y modernas, cuando las mujeres tienen la opción, suelen elegir trabajar fuera de sus domicilios. Incluso cuando esa opción no está disponible, las mujeres han luchado para conseguirla participando masivamente en huelgas en demanda de la concentración del trabajo en grandes talleres. Resulta llamativo que hoy también se diga una y otra vez que el teletrabajo es una buena opción para las mujeres. Sin embargo, la evidencia muestra que las

mujeres piensan de otra forma. Muchas veces, cuando una empresa evalúa la posibilidad de pasar a alguna forma de teletrabajo son las empleadas mujeres quienes oponen más resistencia a ese cambio. A su vez, uno de los estudios más amplios sobre el teletrabajo, realizado por la Organización Internacional del Trabajo (OIT), da cuenta de una mayor participación de varones en esta modalidad, tanto en Europa como en Japón.

Los gobiernos de Japón han impulsado el teletrabajo con el fin de ampliar el número de trabajadores disponibles. Frente a un estancamiento del crecimiento poblacional consideraron que el teletrabajo podría ampliar el mercado laboral por dos vías: en el corto plazo al favorecer que las madres aceptasen empleos asalariados desde su hogar y, por otro lado, con un efecto a mediano plazo, al aumentar la tasa de fertilidad de las mujeres que trabajan. La idea es que si las mujeres que tienen un empleo asalariado trabajaran desde sus hogares tendrían más hijos. Ninguna de las expectativas del gobierno japonés se ha cumplido.

Otros datos del estudio de la OIT explican por qué las mujeres no responden al teletrabajo de la manera que los especialistas esperan de ellas. Una supuesta ventaja del teletrabajo sería la posibilidad de un mejor equilibrio entre la vida personal y laboral. Sin embargo, la mayoría de los estudios muestra que este ideal no es cierto ya que muchos trabajadores reportan una prolongación de la jornada laboral y una mayor interferencia o solapamiento entre vida familiar y laboral. Lo interesante es que, cuando este aspecto se analiza según el sexo del trabajador los resultados divergen: son los hombres quienes en mayor medida encuentran ventajas en el teletrabajo en cuanto a su equilibrio entre vida personal y laboral, mientras que las mujeres señalan la situación inversa y expresan en mayor medida un malestar por la interferencia de la vida personal con la laboral.

¿Cómo explicar esto sino es por la carga diferenciada de tareas domésticas que asumen hombres y mujeres? En la Argentina, según una encuesta del INDEC (Instituto Nacional de Estadísticas y Censos) sobre el uso del tiempo y el trabajo no remunerado de 2014, las mujeres con empleo asalariado realizaban un promedio de 5,9 horas diarias de trabajo doméstico y de cuidado no remunerado, frente a solo 3 horas y media de los hombres en igual condición. Esa brecha se amplía en caso de tener hijos. Esto evidencia la desigual distribución de responsabilidades domésticas y familiares aun cuando dos miembros de la pareja cuentan con un empleo asalariado.

A esto se agrega la carga mental que asumen las mujeres en torno a la organización de las tareas domésticas. Más allá de la diferente cantidad de horas de tiempo destinado por hombres y mujeres en la realización de las actividades domésticas, las mujeres, además suelen asumir la carga mental que representa la organización del conjunto o la mayor parte de las tareas domésticas: planificar las compras, recordar la necesidad de consultas médicas o actividades escolares de los hijos son algunos ejemplos. Por más que el hombre realice algunas de estas tareas, la responsabilidad de recordarlas, organizarlas y, en el mejor de los casos, solicitar la participación o ejecución del hombre en alguna de ellas recae, la mayoría de las veces, en las mujeres. En el film, "I don't know how she does it" (No sé cómo ella lo hace) la protagonista, interpretada por Sarah Jésicca Parker, explica su teoría de por qué las mujeres duermen menos que los hombres. La gran culpable del desvelo femenino es "la lista". La lista es la nómina de tareas pendientes que ellas deben organizar: desde firmar una autorización escolar, comprar materiales para actividades escolares o extraescolares, agendar cumpleaños o salidas de los hijos, gestionar turnos médicos y así sucesivamente. Para muchas mujeres realizar su trabajo asalariado en el ámbito doméstico erosiona su capacidad de concentración, pues a cada paso que dan dentro de la casa les recuerda alguno de los ítems de su lista: la heladera está vacía, la ropa en la soga y quizás llueve... entre la ropa de la soga se encuentra el delantal limpio que su hijo necesita al otro día para usar en el acto escolar, para el cual también debe de comprar una escarapela...

De tal forma, ante esta desigual distribución de responsabilidades dentro de la familia los costos y beneficios del teletrabajo serán distintos para hombres y mujeres. Un hombre que no asume responsabilidades domésticas en su hogar puede beneficiarse del ahorro de tiempo de viaje al trabajo sin sufrir en contrapartida la interferencia entre trabajo y vida personal, o al menos no en el mismo grado en que lo padece una la mujer. En cambio, para una mujer las presiones para resolver cuestiones domésticas en medio de la jornada laboral serán mucho mayores: la interferencia y el estrés escalarán a niveles insoportables. De esta manera, si bien tanto trabajando fuera como dentro de su hogar, la mujer sufrirá la doble jornada (la jornada de trabajo asalariada más la jornada de trabajo doméstico no pago), el hecho de trabajar fuera del hogar permite en mayor medida a las mujeres poner un límite a las demandas del trabajo doméstico. Al mismo tiempo, muchas veces la posibilidad de trabajar fuera del hogar resulta vital para las mujeres, para salir del clima opresivo que el hogar puede representar y construir vínculos sociales fuera del mismo.

Este problema se ha potenciado y ha quedado en evidencia durante la cuarentena obligada por el avance del COVID-19. Por la desigual distribución

Trabajo a domicilio, ayer y hoy

de las tareas domésticas entre hombres y mujeres, son estas últimas quienes más han sentido la sobrecarga dada por el teletrabajo y el desarrollo de las tareas domésticas ampliadas por la cuarentena. La permanencia continua de todos los miembros de la familia en el hogar ha multiplicado el trabajo doméstico: más comidas familiares, más que limpiar. A lo que se agrega la desinfección de todos los productos que ingresan de afuera de la casa y el acompañamiento de las tareas escolares de los niños, ya que el desarrollo de la enseñanza a distancia ha requerido que los padres actúen como maestros auxiliares. Como el resto de las actividades domésticas, esta carga ha recaído en mayor medida sobre las mujeres.

El teletrabajo que no miramos

Más allá del universo de gente que se desempeña bajo la modalidad de teletrabajo de un modo formal y estable, hay personas que realizan un teletrabajo informal, generalmente no reconocido como tal. Estos trabajadores, tras haberse desempeñado durante el día en una oficina o negocio de sus patrones, pasan luego parte de lo que deberían ser sus horas de descanso trabajando a través de su celular o computadora. En estos casos, mediante el teletrabajo el empresario obtiene horas extras que no paga al trabajador.

Esto es común entre empleados que trabajan en atención al cliente. Reciben y resuelven consultas fuera de su horario laboral. En el caso de trabajadores que cobran total o parcialmente a comisión, el mismo empleado puede fomentar esto con tal de obtener una venta. Esta modalidad de cobro en función de las ventas realizadas, no es más que otra forma de trabajo a destajo, y se ve aquí como incentiva la autoexplotación del obrero.

Este problema es particularmente grave entre los empleados del sector turismo, una actividad de por sí muy precarizada. No solo es común la realización de actividades para la empresa fuera del horario de trabajo desde el domicilio del obrero, sino que estas actividades suelen ser realizadas en cualquier horario del día o de la noche. Ante un cliente que pierde una conexión de su vuelo los empleados de las agencias de turismo se ocupan a mitad de la noche de resolver sus inconvenientes, conseguir nuevos pasajes, etc.

El teletrabajo informal ha tenido algún avance entre los docentes. Este grupo de trabajadores históricamente realizó tareas impagas en su domicilio fuera del horario de trabajo (corrección, planificación de clases, llenado de planillas, preparación de actos escolares, etc.) Esto se ha naturalizado en las últimas décadas, cuando la mayoría de los docentes pasó a trabajar dos turnos. Antes se trabajaba por lo general un solo turno y se cobraba por él un salario que permitiera cubrir las necesidades del docente, de forma tal que ese salario contemplaba las horas del trabajo docente realizadas fuera de la escuela. En los últimos 50 años el salario docente cayó de tal manera que dejó de cubrir esas horas de trabajo extraescolares que pasan ahora a ser horas impagas. Por eso, los docentes necesitan tomar un segundo cargo para sobrevivir. En el último tiempo, una fracción de estas tareas extraescolares impagas comenzó a ser realizada *on-line*. De tal forma, en la Ciudad de Buenos Aires, todos los docentes están obligados a tener cuenta de mail por la que reciben comunicaciones oficiales en cualquier horario. El docente queda automáticamente notificado de la comunicación a las 48 horas de haber recibido el mail, sin importar el momento en que esto acontezca. Del mismo modo, a las planillas de notas en papel se han añadido planillas digitales que el docente completa fuera de su horario laboral (más si en el colegio donde trabaja no tienen conexión a internet). También en la Ciudad Autónoma de Buenos Aires, en los colegios que cuentan con Plataforma Escolar, los docentes deben realizar *on-line* tareas de seguimiento de estudiantes con sobre edad o riesgo de deserción. Todo esto ya sucedía antes de que la cuarentena por el COVID-19 forzara al pasaje a la enseñanza a distancia.

Otro caso de realización de horas extras impagas bajo la forma de teletrabajo se ve en el mundo académico-científico. Es normal que investigadores y profesores universitarios usen su tiempo libre para realizar traducciones, evaluar artículos, escribir los resultados de su investigación. En parte esto se debe a la precariedad laboral que afecta al sector. Con el solo objeto de conservar

Telemedicina: cirugías remotas

Con los viajes espaciales surgió la inquietud de cómo se trataría una emergencia médica en viaje que requiriese de un especialista. Esto dio lugar al desarrollo de los primeros robots quirúrgicos que pudieran ser operados en forma remota. Estos robots cortan el cuerpo, remueven órganos y suturan, entre otras funciones, siempre operados en forma remota por un cirujano. Luego esta tecnología se expandió a otros contextos. En 2001 cirujanos neoyorquinos realizaron la primera operación trasatlántica a un paciente en Francia. Por el momento, sin embargo, no parece haber aún una tendencia hacia la masificación de este tipo de procedimientos. Los mismos siguen asociados a iniciativas específicas de ciertos estados, como los proyectos del Ministerio de Defensa norteamericano. Este quiere desarrollar las cirugías remotas para facilitar su aplicación a soldados norteamericanos desplegados en cualquier territorio.

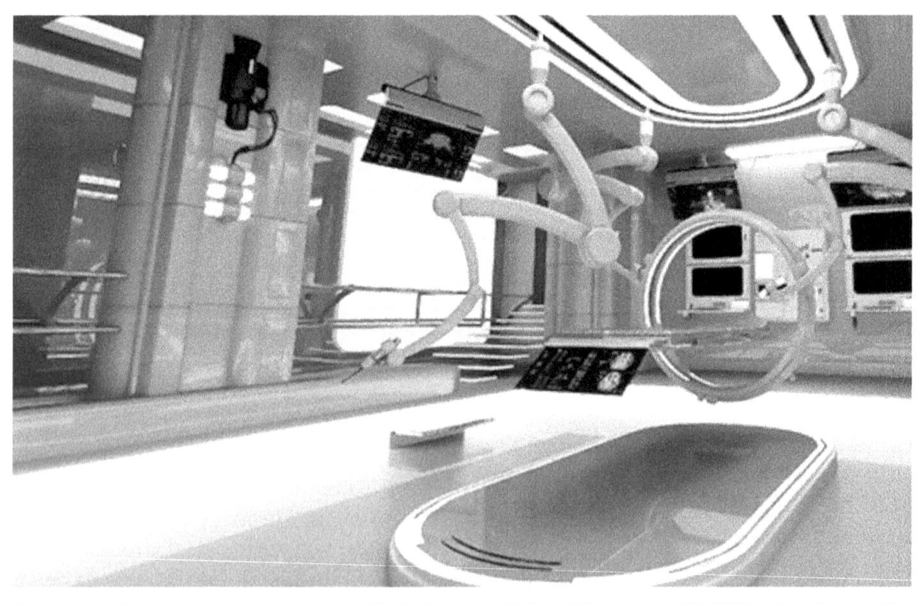

Telemedicina: teleconsultas

Otro desarrollo del teletrabajo es el de las consultas médicas remotas. Hay un debate sobre cómo esto puede afectar tanto las condiciones laborales de los médicos como la calidad de la atención que reciben los pacientes. En este punto es importante recordar que no hay un determinismo tecnológico: el resultado no está dado por la tecnología misma sino por el contexto social y la forma en que estas técnicas son finalmente implementadas.

Una preocupación válida es evitar que se tomen decisiones médicas con menos información de la necesaria. Es decir que, sin la consulta presencial, el médico pueda perder información relevante para el diagnóstico y tratamiento del paciente. En este punto una clave para el uso positivo de la telemedicina parece estar en la adecuada combinación de consultas presenciales y remotas, e incluso, en la combinación de la consulta presencial con un médico que pueda gestionar la teleconsulta con el especialista. Un sistema de este tipo se ha regulado en España.

Para experiencias más acotadas algo similar se ha implementado en la Argentina para el seguimiento de pacientes de alta complejidad del Hospital Garraham. Esto permite acercar una atención de calidad a niños de cualquier punto del país. El sistema se basa en la colaboración a distancia de dos médicos, aunque solo uno de ellos interactúa en forma personal con el paciente. Este tipo de prácticas implican una reconfiguración de la división del trabajo, en la medida que algunas prácticas sencillas y de observación o control físico del paciente, que antes realizaba el mismo especialista, son efectuadas en estos casos por médicos generalistas. Asociadas a la teleconsulta médica aparecen otras transformaciones que sin duda son favorables para el paciente: la implementación de historia clínica única on-line, la prescripción de recetas y tratamientos en forma digital. La ausencia de una historia clínica única de los pacientes, producto de la fragmentación del sistema de salud, es hoy un punto flaco. De tal forma un especialista no accede normalmente a toda la información médica de su paciente porque este se ha tratado en diversas instituciones, lo que puede dificultar un buen diagnóstico.

Por otra parte, la telemedicina puede contribuir a evitar la pérdida de tiempo para médicos y pacientes que hoy genera la necesidad de concurrir a la consulta médica presencial solo para la prescripción de recetas de medicamentos crónicos o exámenes de rutina. Del mismo modo puede permitir el análisis de resultados de laboratorio u otros exámenes que el médico pudiera haber indicado tras el examen físico.

el empleo las personas se ven forzadas a producir cada vez más. En este caso, si bien muchas tareas se han agilizado mediante los servidores de internet y el desarrollo de diferentes *softwares*, desde la escritura misma, a la búsqueda de bibliografía o programas para incorporar citas al texto, esto mismo ha facilitado la multiplicación de una producción fragmentaria, dirigida a revistas especializadas *on-line*. El trabajo científico, antes tan difícil de evaluar y mesurar, queda resumido en pequeñas unidades, artículos o *papers*, y el trabajo de los científicos es evaluado según cuántos de estos artículos se publiquen. Más aun, como ahora es perfectamente cuantificable cuántas veces un artículo es citado, los investigadores pasan a ser evaluados por la cantidad de citas que sus *papers* obtienen. Por lo tanto, el investigador también asume como parte de su tarea la difusión de su trabajo, el cual debe subir en diversas plataformas para asegurar las visualizaciones y citas suficientes como para obtener una buena puntuación. En ese contexto, el trabajo hasta altas horas de la noche o en el fin de semana pasa a ser habitual. En un sector donde alguien es afortunado si promediando los 35 años, tras estudiar una carrera universitaria, hacer un doctorado, trabajar precarizado por ocho o más años, consigue un empleo estable, el teletrabajo impago es muchas veces aceptado como parte de las reglas del juego.

Teletrabajo y legislación laboral

Como ya dijimos el trabajo realizado en el domicilio del obrero no tiene que ser necesariamente precario. Esto dependerá de la lucha de clases y de la correspondiente capacidad del movimiento obrero para imponer una legislación favorable y lograr que la misma se cumpla. Pero, la expansión del teletrabajo ha coincidido con un momento de retroceso de las luchas obreras en el mundo. En este contexto sería difícil que escapara a la tendencia general hacia una mayor flexibilidad laboral propia del actual contexto histórico.

La regulación del teletrabajo en el mundo

Como ya explicamos, ya antes del COVID se ha recurrido al teletrabajo entre las personas que cuentan con un trabajo tradicional, para ampliar la jornada laboral mediante horas extras no pagas. Por ejemplo, en Francia cerca del 40% de los trabajadores en forma cotidiana y repetida usan algún tipo de dispositivo electrónico o digital, por fuera del horario de trabajo, para resolver demandas laborales. En función de este problema apareció la discusión en torno al derecho de los trabajadores a la *desconexión digital*. Esto es, el derecho que tienen los trabajadores a no desarrollar actividades ni a ser contactados por el empleador, sus representantes o clientes, a través de medios digitales o electrónicos, por fuera de la jornada de trabajo.

Fue muy publicitada una ley francesa de 2016 que trataba el derecho a la desconexión digital. Sin embargo, esta ley tiene alcances limitados y contradictorios. En vez de establecer la prohibición absoluta de demandar tareas adicionales del trabajador fuera de sus horarios laborales, la ley solo indica que este problema debe ser parte de la negociación colectiva anual entre los sindicatos y empresarios. En caso de no haber acuerdo, son los empresarios quienes establecen la política a seguir al respecto. Incluso, en el caso de pequeñas y medianas empresas de hasta 50 trabajadores, son siempre los empresarios quienes fijan las pautas en forma unilateral y sin mediar ningún tipo de negociación. De tal forma, el supuesto derecho a la desconexión digital puede ser trastocado en su contrario por vía de las normativas empresarias. En la medida que, tanto las leyes previas como la jurisprudencia (los antecedentes judiciales) francesa reconocían el derecho del trabajador a una jornada laboral establecida, la nueva normativa podría transformarse en un mecanismo de debilitamiento de esas leyes. Por ejemplo, si la reglamentación respecto al derecho a la desconexión prohibiera unas formas de contacto de los trabajadores fuera de su horario de trabajo, pero admitiera otras, se estaría debilitando la legislación protectora.

En España se ha creado para los teletrabajadores una figura legal híbrida, que no los considera ni empleados en relación de dependencia ni trabajadores independientes. Ha sido elogiada porque brinda más protección que a un empleado autónomo, pero lo cierto es que coloca a los teletrabajadores en una situación de menor protección que a otros empleados. Esto suele ocurrir con todos los estatutos profesionales que quedan por fuera de las leyes generales que regulan el contrato de trabajo. En todos estos casos se genera una protección legal, pero de menor cobertura que las leyes generales. En la Argentina, algunos grupos de trabajadores excluidos de la Ley General de Contrato de Trabajo son los empleados domésticos, trabajadores rurales, empleados públicos del ámbito provincial y municipal.

Algunos indicadores muestran una situación más favorable a los trabajadores en Alemania que en Francia, al menos en lo que refiere a las grandes empresas. En Alemania las grandes firmas recurren en mucho mayor medida que en Francia al uso de herramientas tecnológicas de gestión de flujo de los correos electrónicos para garantizar el derecho a la desconexión digital de los empleados. Con estos mecanismos se difiere la entrega de correos durante el fin de semana o se los redirecciona hacia otros empleados en el caso de vacaciones u otras licencias.

Si bien algunas normativas laborales aplicadas en Alemania parecen más progresivas, no tienen una aplicación universal. En este país muchas de estas cuestiones se hayan reguladas por convenios colectivos sectoriales y no por leyes generales, lo que genera grandes diferencias entre distintas empresas y sectores económicos. También el grado de cumplimiento de la normativa varía según el tamaño y localización de las firmas. La peor situación aparece en pequeñas empresas de la ex Alemania del Este.

Una situación similar se presenta en Suecia, generalmente señalada como otro país modelo en cuanto a reglamentación y aplicación del teletrabajo. Sin embargo, el solo hecho de que los empresarios suecos se negaran a incorporar a los convenios colectivos las cláusulas del Acuerdo Marco Europeo para el Teletrabajo da cuenta de que la realidad laboral de ese país nórdico es más compleja y menos alentadora que la imagen que nos venden. Es importante destacar en este punto que los empresarios suecos solo aceptaron firmar una guía de buenas prácticas del teletrabajo. Es decir, firmaron un documento que solo pretende orientar el accionar de las distintas firmas sin crearles ningún tipo de obligación, y mucho menos penalizarlas en caso de que estas no siguieran esas recomendaciones.

Con todo, en las empresas de mayor tamaño de Alemania y Suecia parece haber un sistema legal más progresivo en relación con el teletrabajo. Algunos de sus lineamientos centrales son la igualdad de derechos del trabajador que se desempeña en su domicilio frente a quienes lo hacen en locaciones de la empresa empleadora, el carácter voluntario del teletrabajo para el obrero y su reversibilidad, es decir, la posibilidad de poder optar a volver a trabajar en la locación de la empresa si el obrero así lo deseara. El modelo sueco apuntaría, además, a establecer algunos días a la semana de teletrabajo y otros de trabajo en el local de la compañía. Esto puede resultar positivo desde la perspectiva de la sociabilidad obrera y la organización sindical. En general este esquema se introduce porque la firma desea mantener una "cultura empresaria", a la vez que el sostenimiento de los espacios de sociabilidad afectaría en forma positiva sobre el estado anímico de los trabajadores y su productividad. Insistimos, sin embargo, que esta situación refleja a lo sumo la de los trabajadores de las industrias más dinámicas y no la situación general de los trabajadores domiciliarios en esos países.

A nivel internacional, sin embargo, en muchos aspectos la normativa referente al teletrabajo es demasiado genérica e inespecífica como para tener impacto real en las condiciones laborales. Muchas veces se limita a la adscripción a recomendaciones para las buenas prácticas laborales para el sector: la Unión Europea tiene un acuerdo marco de este tipo y hasta el Ministerio de Trabajo en la Argentina ha publicado un manual con recomendaciones sin ningún tipo de alcance prescriptivo. Es decir, se indica cuál sería el escenario ideal sin que para nadie sea obligatorio cumplirlo. Llamativamente en Argentina, este manual (*Teletrabajo decente en Argentina. Primer libro blanco nacional de buenas prácticas en teletrabajo, trabajo remoto y trabajo conectado*) plantea que, a diferencia del viejo trabajo con horarios fijos y jornada limitada, el teletrabajo opera por objetivos. Es decir, el mismo manual aboga por la idea de que en el teletrabajo no debiera respetarse la normativa laboral referente a la jornada máxima de trabajo.

Muchas veces la legislación resulta más preocupada por proteger a los empresarios que a los trabajadores. Por ello se concentra en la defensa de la confidencialidad de los datos del empleador, de la cual es responsable el trabajador, quien debe asegurarse que ninguna otra persona acceda a la computadora con la cual trabaja. En estos casos, donde hay en juego datos sensibles, la computadora es normalmente propiedad de la empresa. Es un reclamo casi universal que la firma empleadora proporcione tanto el equipo como su mantenimiento y los gastos de la conectividad, algo que en la Argentina casi nunca ocurre. Salvo que al empleador le preocupe resguardar sus datos...

Resulta significativo que entre medio centenar de avisos *on-line* que solicitaban teletrabajadores en la Argentina al escribir este libro (junio 2020), solo en un caso la empresa ofrecía el suministro de la PC a quien la precisara. En el resto de los casos se indicaba en el aviso el equipo y la conexión que el obrero requería para aspirar al puesto: generalmente se indicaba la necesidad de que el candidato al empleo cuente con una computadora con un mínimo de memoria ram, audífonos y micrófono, y cierto tipo de conectividad a internet (generalmente se solicitaba banda ancha conectada por cable a la PC -no *wi-fi*). En ningún caso se señalaba que la empresa fuera a compensar económicamente estos gastos a sus empleados.

Legislación de teletrabajo en la Argentina

En la Argentina existe desde el año 2012 una Resolución de la Superintendencia de Riesgos del Trabajo que obliga al empleador a proveer a sus

¿Quién paga equipos y gastos necesarios para el teletrabajo?

En la Argentina por Resolución 21/2020 del 16 de marzo de 2020 se suspendió durante la pandemia la obligación de las empresas de proveer sillas ergonómicas a sus teletrabajadores. Esto posibilitó que empresas, como Edenor, le vendiesen tales sillas a sus propios empleados.

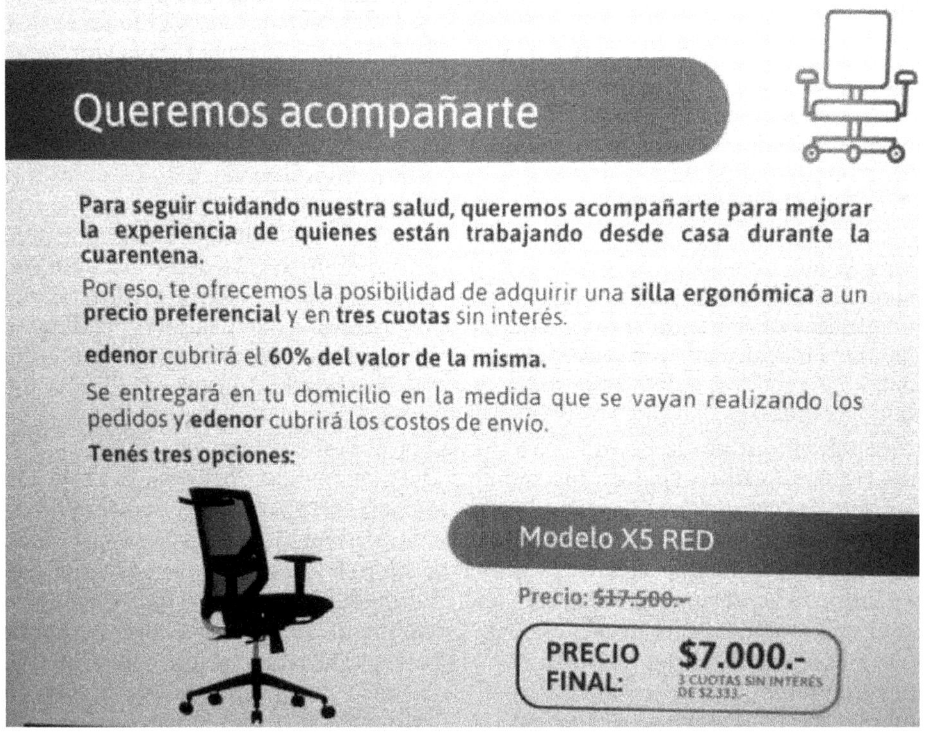

teletrabajadores de herramientas de trabajo, una silla ergonómica, almohadilla para mouse, extinguidor de incendios y una copia del *Manual de buenas prácticas del teletrabajo* (Resolución 1.552/2012, Superintendencia de Riesgos del Trabajo). Sin embargo, esta resolución fue suspendida tres días antes de iniciarse la cuarentana, con la excusa de que el trabajo en el domicilio durante la cuarentena no constituía una forma típica de teletrabajo. Por tanto, en vez de aplicar la norma que ya existía se dejaría el asunto librado "a la buena fe" de las partes (Resolución 21/2020, Ministerio de Trabajo, Empleo y Seguridad Social - Superintendencia de Riesgos del Trabajo).

De esta manera, cuando miles de trabajadores en la Argentina pasaron a realizar teletrabajo, en vez de ampliarse la legislación protectora, esta se restringió. Al mismo tiempo comenzó a discutirse una ley más integral de teletrabajo que, al momento de cerrar este libro, se encontraba promulgada, aunque aún no reglamentada. Es la Ley 27.555 de Régimen Legal de Contrato de Teletrabajo.

Esta ley tiene un artículo que indica que la misma solo entrará en vigor en vigor 90 días después de que finalice el Aislamiento Social Preventivo y Obligatorio en el país. De esta manera la inmensa mayoría de los trabajadores que deben desempeñarse en su domicilio por la emergencia lo hacen sin ninguna protección legal específica y todo queda al arbitrio de la buena voluntad de los patrones. A su vez, los sindicatos han mostrado cierta lentitud a la hora de reaccionar y reclamar una normativa específica. Una excepción ha sido el gremio que agrupa a los trabajadores judiciales, que firmó un convenio específico.

Entonces el primer problema de la ley de teletrabajo es que no va a servir cuando más se la necesita. Como elemento favorable se destaca que el teletrabajo se entiende como una modalidad laboral y no como un régimen distinto. La consecuencia de esto es que los teletrabajadores permanecerían amparados por la Ley de Contrato de Trabajo (a diferencia de los trabajadores de plataformas, para quienes busca crearse un Estatuto *ad hoc*). La ley expresa los mismos alcances y limitaciones de la mayoría de la legislación sobre teletrabajo: establece voluntariedad y reversibilidad del teletrabajo. Es decir, el teletrabajo es optativo para el empleado que puede escoger aceptar o no esta modalidad de trabajo y, en caso de aceptarla, puede cambiar de idea luego y solicitar el pase a una forma de trabajo presencial tradicional. Sin embargo, tanto la voluntariedad como la reversibilidad del teletrabajo no resultan pautas absolutas, sino que la ley abre la puerta a las excepciones bajo la causal de razones de causa mayor o impedimentos fundamentados por parte de la patronal. O sea, una firma no puede obligar a sus empleados a transformarse en teletrabajadores, salvo que demuestre que de lo contrario irá a la quiebra o excusas similares.

También se pauta derecho a la desconexión, privacidad del empleado e iguales condiciones laborales y derechos sindicales que los trabajadores convencionales. Uno de los puntos flacos es que, siguiendo el modelo francés, la ley avanza poco más allá de enunciar derechos generales, cuyo contenido concreto y forma de aplicación quedará sujeto a negociaciones colectivas sectoriales. Como en el caso francés, esto se presta a una gran heterogeneidad permitiendo, incluso, que el contenido negociado en los convenios vaya contra el espíritu general de la ley, tal como hemos señalado que ocurre en Francia con la negociación sectorial del derecho a la desconexión. En un contexto de debilidad sindical, dejar cuestiones centrales abiertas a la negociación colectiva sectorial debilita la capacidad de presión del conjunto del movimiento obrero, que debe negociar de modo fragmentario condiciones laborales centrales.

Del mismo modo, la ley fija la provisión de quipos por parte del empleador o la compensación de los gastos, así como la compensación de los gastos de conectividad. Sin embargo, la forma y el monto de esta compensación queda sujeta a la negociación colectiva. Por lo tanto, un gremio puede firmar un convenio en el que la patronal solo es obligada a pagar un porcentaje reducido de los gastos en los que incurre un trabajador.

Un segundo problema es que no se crea un órgano de fiscalización particular. La ley deja vacante la cuestión de la fiscalización con lo cual es difícil que sea cumplida. El problema de la fiscalización de la ley es especialmente importante por la dispersión de los teletrabajadores. Sin una estrategia de control activo cualquier ley está destinada a convertirse en letra muerta. La suerte que corrió la Ley de Trabajo a Domicilio en Argentina es un buen ejemplo de esto: esta ley, que protege a costureros, zapateros y otros obreros que trabajan en sus casas, tuvo un alto grado de cumplimiento desde su sanción en la década del '40 hasta mediados de la década del '70, cuando se comenzó a desmantelar la repartición del Ministerio de Trabajo que se ocupaba específicamente del contralor de esta ley.

Finalmente, la ley no dice nada sobre la carga laboral, o sea sobre la magnitud de trabajo que la empresa encarga al trabajador. La única manera de asegurar el respeto de la jornada de trabajo es verificar que el empleador no exija a su obrero una cantidad de trabajo mayor a la que puede realizarse dentro del horario normal. Si esto no se controla, lo más común será la prolongación de la jornada laboral a costa del tiempo de descanso del obrero.

Pese a las limitaciones de esta ley, la perspectiva de que se legisle una reglamentación para el teletrabajo generó alarma entre el sector empresarial. En particular las PyMES señalaron la dificultad de su cumplimiento. Esto muestra cómo la burguesía busca recurrir al teletrabajo como mecanismo de precarización y flexibilización laboral, para lo cual necesita ampararse en un vacío legal que permita una intensificación del trabajo.

Trabajadores de plataformas digitales

Un debate asociado al teletrabajo, pero diferente, es el de los denominados trabajos de plataformas, sea de transporte (Uber) o trabajadores de reparto de las aplicaciones de *delivery*. Desde el punto de vista de la actividad y el proceso de trabajo no vemos una transformación drástica. Tanto en el caso de Uber comparado con el servicio de taxi o remisería, como las aplicaciones de *delivery* la naturaleza de la actividad central, el traslado de pasajeros o de bienes, no se modifica. El uso de celulares y software específico, en este caso, solo transforma el medio de comunicación por el cual el cliente solicita el servicio. En consecuencia, no hay una mudanza radical de la naturaleza misma del trabajo, de su contenido, aunque si se transforman la gestión capitalista del mismo, favoreciendo una mayor concentración y centralización económica, a la vez que un mayor control hacia el trabajador.

El *delivery* de comida no ha cambiado su naturaleza, el trabajo es realizado principalmente por jóvenes que, en bicicleta o moto, transportan la mercadería desde el comercio productor al consumidor. La única modificación se asocia a una tarea periférica, la forma cómo le es comunicado el pedido. Lo mismo puede decirse del servicio de transporte, con el pasaje del taxi a Uber. La tarea central sigue siendo la misma: conducir el auto, en eso solo hay un pequeño cambio ya que el conductor no elige la ruta, sino que debe seguir la que manda el aplicativo. A su vez, la forma en que se procesa la demanda del cliente permite empalmar más trabajos sucesivos, sin el desperdicio de tiempo improductivo que implica que un taxista recorra la ciudad en búsqueda de sus potenciales clientes. Al mismo, tiempo esta plataforma permite combinar el viaje de diferentes clientes, lo que también incrementa la productividad del trabajo social. Del mismo modo los servicios *delivery* por plataforma no trabajan en forma exclusiva para un solo negocio de comidas, eso hace que la demanda del servicio sea más continua y disminuya el tiempo improductivo del trabajador. En el caso del transporte de pasajeros existía un antecedente, a través del servicio de radiotaxi. En ambos casos, estos cambios permiten una concentración y centralización económica impensada antes en estos sectores económicos.

Por ello, la primera conflictividad que emerge es generada por la movilización de sectores de pequeña burguesía perjudicados por estos cambios. Las protestas calleras y las disputas judiciales que los taxistas lideraron contra Uber son el ejemplo más claro de esto.

En la medida que estas actividades se vuelven más productivas, se abaratan y con ello, amplían también su mercado, lo que genera un aumento de la demanda de trabajadores para estos sectores. En el caso de los servicios de *delivery* esta demanda fue, además, potenciada en la Argentina por la cuarentena, lo que, a su vez, aceleró un proceso de organización y lucha de los trabajadores del sector que ya venía de antes.

En la Argentina los trabajadores de las aplicaciones de *delivery* vienen llevando adelante un plan de lucha desde que se estableció la cuarentena, impulsado por las organizaciones que se conformaron por fuera de los sindicatos registrados. El 22 de abril de 2020 se sumaron a un paro internacional. Reclamaron por el 100 por ciento de aumento en el pago por pedido y la provisión de elementos de seguridad e higiene. Esta acción estuvo impulsada por Glovers Unidos Argentina y la Asociación de Trabajadores de Reparto. En Argentina los trabajadores de *delibery* han comenzado en forma temprana su organización sindical y esta se ha acelerado durante la cuarentena, momento en que la actividad se expandió. En la actividad existen varios sindicatos que intentan organizar a estos trabajadores: la Asociación Sindical de Motociclistas, Mensajeros y Servicios (ASIMM), el Sindicato Único de Conductores de Motos (SUCMRA) y la Asociación de Personal de Plataformas (APP). A ellas se suman la Agrupación de Trabajadores de Reparto (ATR), Glovers Unidos Argentina y la más reciente Red Nacional de Trabajadores Precarios, que engloba más actividades que la de los repartidores.

El 8 de mayo de 2020, entre las 10 y las 16 horas, los trabajadores de *delivery* realizaron un paro y marcharon al Ministerio de Trabajo. A los reclamos levantados el 22 de abril, se sumó el pedido de reincorporación de trabajadores desvinculados por luchar y justicia por los repartidores muertos en accidentes laborales. La acción fue convocada por la Asociación de Trabajadores de Reparto y Glovers Unidos. El 14 de mayo hubo una movilización al Obelisco impulsada por la Red Nacional de Trabajadores Precarios para reclamar contra los despidos y las suspensiones, las rebajas salariales, la precariedad y por condiciones de higiene y seguridad. Finalmente, el 29 de mayo de 2020 realizaron un nuevo paro a nivel nacional, con caravanas que en cada ciudad marcharon al epicentro del poder político. La acción fue convocada por la Asociación de Trabajadores de Reparto y Glovers Unidos. En la Ciudad de Buenos Aires, se dirigieron a Ministerio de Trabajo, con el fin de concretar la reunión prometida por esa cartera. Sus reclamos incluyen un aumento del 100% a cargo de las empresas, elementos de seguridad e higiene, justicia por todos los compañeros fallecidos y heridos, ART para todos los trabajadores de reparto y restitución de las cuentas a todos los bloqueados por causas injustas. Por su parte la Red Nacional de Trabajadores Precarios confluyó con la acción. Aquí aparece una división inútil entre los repartidores que se organizan mediante asambleas convocadas por las dos primeras organizaciones y quienes se organizan con la tercera, que solo sirve para debilitar el movimiento.

Las sanciones contra los luchadores no son nuevas y de hecho se facilitan por la relación contractual que une a los trabajadores con sus patrones, que busca negar la relación laboral y nombra a los trabajadores como "prestadores de servicios". Cabe señalar que las condiciones laborales y jurídicas en que ese trabajo se realiza no están determinadas por su forma técnica (no hay nada que impida a las empresas de plataforma reconocer a sus trabajadores como empleados en relación de dependencia), sino de la lucha de clases. En 2018, APP organizó una protesta frente a las oficinas de Rappi. La empresa bloqueó de la aplicación a los repartidores que habían participado. En febrero del año siguiente PedidosYa bloqueó también el acceso a la aplicación a unos 450 trabajadores. Es decir, a las empresas les resulta muy sencillo deshacerse de sus trabajadores, que están inscriptos como monotributistas y reciben un salario a destajo que depende de la cantidad de horas trabajadas y los kilómetros recorridos.

En España se calculó que las aplicaciones se ahorraban unos 168 millones de euros por inscribir a sus trabajadores como autónomos. De ese dinero el Estado Español perdía 76 millones que no ingresaban por seguridad social. En distintos países la cuestión fiscal es uno de los incentivos que promueven la legislación estatal de la actividad. En el caso argentino se está promoviendo un Estatuto especial para los trabajadores de plataforma. El problema es que un Estatuto de ese tipo los colocaría por fuera de la Ley de Contrato de Trabajo (LCT), que es la que rige para la mayoría de los trabajadores en relación de dependencia. Así, se los coloca en un status legal más desfavorable, como a los obreros rurales, las empleadas domésticas y los obreros de la construcción. De hecho, el proyecto de ley plantea que se agregue a los repartidores de plataformas en el artículo de la LCT que enumera los trabajadores excluidos de esa la ley. Esta exclusión habilitaría modalidades menos favorables de contratación, remuneración, jornada de trabajo y desvinculación laboral. Con el estatuto que propone el gobierno, los repartidores ganarían algunos beneficios como aguinaldo, indemnización por despido, cobertura de salud y regulación horaria,

beneficios a los que también podrían acceder si fueran incluidos en la LCT. En la actualidad, la ambigüedad legal puede llegar a sortearse en uno u otro sentido en el terreno judicial. En la medida que los trabajadores no se encuentran excluidos de la Ley de Contrato de Trabajo, pueden apelar a la justicia del trabajo solicitando su reconocimiento como trabajadores en relación de dependencia y la aplicación de los beneficios correspondientes. En cambio, de aprobarse el proyecto que el oficialismo promueve, los trabajadores quedarían atrapados en un estatuto de difícil modificación, porque a diferencia de un convenio colectivo que se modifica mediante las negociaciones paritarias periódicas entre sindicatos y patronales, el estatuto solo puede reformarse por ley nacional.

Teletrabajo, pandemia y el fantasma de 1984

La cuarentena despertó una multitud de miedos e imaginarios distópicos. Entre ellos destaca el temor a que la pospandemia resulte en una expansión inusitada del teletrabajo y la flexibilidad laboral. En este punto es necesario comprender que no todo trabajo puede ser dislocado y realizado en el domicilio de los obreros. Incluso, cuando esto es posible, no siempre puede lograrse el mismo nivel de productividad en el trabajo a domicilio. Cabe señalar que, en Argentina, antes de decretarse la cuarentena se había recomendado a las empresas facilitar el teletrabajo de modo de disminuir la circulación de trabajadores en el transporte público. Esta recomendación tuvo poco eco en las empresas y escasas consecuencias prácticas. Esto se debió a que no para todas las empresas el teletrabajo puede resultar atractivo. Incluso, en algunos sectores como los bancos, en ese lapso inmediatamente anterior al decreto de la cuarentena fueron los trabajadores quienes solicitaron la implementación del teletrabajo y la patronal quien la rechazó. En el mismo sentido, el recurrente reclamo patronal de que se levante la cuarentena expresa los límites actuales de las posibilidades de implementación del teletrabajo.

En segundo lugar, cabe recordar que el teletrabajo, al igual que cualquier otra modalidad de trabajo a domicilio, no implica necesariamente un trabajo flexible. Para simplificar, hablamos de trabajo flexible en los empleos que no se rigen por un marco legal que limite la jornada de trabajo, formas de contratación, etc. Esta flexibilidad laboral bien puede existir en trabajos presenciales y, por el contrario, puede eliminarse en los trabajos domiciliarios (ya hemos mencionado la forma en que se limitó la jornada de trabajo entre costureras y otros trabajadores domiciliarios en la Argentina de inicios de los años '40).

En el marco de la pandemia se ha extendido el teletrabajo sin que se ampliaran las normas legales que lo regulan (una excepción en la Argentina es el convenio firmado por los trabajadores judiciales). Ese teletrabajo se amplió a esferas donde el mismo es poco eficiente (el caso extremo, como veremos en el próximo acápite, es el de la educación). Por tal motivo, se requiere un mayor esfuerzo laboral para logar el mismo objetivo. Esa es una de las razones de la extensión de la jornada laboral que presenciamos hoy en día. Pero esto se produce al mismo tiempo que se amplían las tareas domésticas que deben realizar los trabajadores, especialmente aquellos con menores a cargo y, en menor medida, aquellos responsables por adultos mayores. El cierre de las escuelas implica que los niños quedan toda la jornada a cargo de sus padres, quienes no solo deben cuidarlos sino también colaborar en su proceso de enseñanza en una magnitud inconcebible en períodos normales.

De tal forma, la jornada laboral, el trabajo que realiza el obrero, es permanentemente interrumpido por la necesidad de efectuar estas u otras tareas domésticas. Además, el grado de concentración en la tarea disminuye: aun trabajando, el obrero se vuelve menos productivo. De tal forma, la jornada de trabajo se extiende, pero no la magnitud del trabajo que el obrero ha realizado para la empresa. La jornada de trabajo tiene más poros, más momentos improductivos (momentos en que el obrero no genera plusvalor). Pese a la percepción del obrero, la intensidad del trabajo asalariado disminuye, por lo que para obtener el mismo resultado la jornada se prolonga.

Ahora bien, desde el punto de vista del empresario esta prolongación de la jornada es indiferente (salvo que creamos que los empresarios son seres malvados que buscan que el obrero trabaje más horas solo para verlo sufrir). Al empresario la extensión de la jornada laboral solo le reporta beneficios si se crea más plusvalor. En ciertas circunstancias, como las actuales, esta extensión puede resultarles incluso contraproducente (cuando pese a la extensión de la jornada el obrero en su domicilio no logra realizar el trabajo que antes realizaba en la oficina en una jornada más corta). Por esto es que resulta improbable una generalización del teletrabajo a todas las áreas de la vida económica en la pospandemia.

Teletrabajo y educación

Antes de la pandemia la educación virtual estaba limitada centralmente a procesos de aprendizaje individuales (clases *on-line* de idiomas, por ejemplo) o a cursos de posgrado, en su mayoría maestrías. Previo a la cuarentena ocasionada por la expansión del COVID-19, el campo de la enseñanza virtual de masas era prácticamente inexistente y resulta muy poco probable que este se extienda una vez que la emergencia sea superada.

Para entender las limitaciones de la educación a distancia comencemos por analizar las características del proceso de trabajo involucrado. La educación de masas funciona en base a la cooperación simple en el nivel inicial y primario (con una división del trabajo apenas embrionaria) y como una manufactura muy rudimentaria y escasamente desarrollada en el nivel secundario y universitario.

Tanto el nivel inicial como el primario se basan en el trabajo simultáneo de muchos docentes que realizan esencialmente las mismas tareas. No hay entre ellos una división manufacturera del trabajo porque, aunque puedan dividirse las tareas (cada maestro enseña a un grado distinto), esta no es una asignación permanente, vitalicia del obrero. Maestras que trabajan un año en segundo grado, al año siguiente pueden pasar a cuarto o séptimo grado. Tanto los docentes curriculares como el personal de gabinete pedagógico representan un elemento manufacturero, es decir de división permanente del trabajo. Pero, tal como está estructurado el sistema educativo, al menos en Argentina, estos constituyen un elemento accesorio del sistema educativo, a tal punto que estas figuras docentes tienen escasa o nula incidencia en la promoción de los niños de un nivel a otro, no tienen una presencia igualitaria a nivel nacional y sus intereses suelen ser injustamente descuidados por las entidades gremiales. Las principales tareas del personal directivo se relacionan con funciones de supervisión o con tareas administrativas, en ambos casos no contradictorias con esta naturaleza de cooperación simple del régimen de trabajo en las escuelas primarias. Podría decirse que priman las tareas administrativas y burocráticas y que incluso las tareas de supervisión están escasamente desarrolladas. Si bien en teoría las potestades del personal directivo pueden ser más amplias, en la realidad su capacidad para imponer a los docentes cambios en su forma de realizar el trabajo es extremadamente limitada. Esto se debe a lo poco que ha avanzado la modificación del régimen de trabajo, donde el conocimiento de los obreros es central y de ahí el poder que estos conservan. En la medida en que el personal directivo desarrollara funciones estrictamente pedagógicas diferenciadas del resto del personal docente, esto implicaría la introducción de otro componente de índole manufacturero en el proceso de trabajo. Pero, por el momento, estas tareas en la mayoría de las escuelas aparecen ocasionalmente como elementos subordinados a las tareas de índole burocrática que se le exigen de hecho al personal directivo.

En contraste con la escuela primaria, los colegios secundarios tienen un perfil manufacturero bien definido, aunque con poco desarrollo en profundidad. La enseñanza secundaria se basa en la división manufacturera del trabajo: cada docente se especializa en forma vitalicia en el área de conocimiento que enseña: cada una de las materias del secundario. A su vez, una serie de tareas que en el nivel primario son realizadas por los docentes de grado (toma de asistencia, contacto con las familias de los estudiantes, etc.), son removidas y asignadas a otra categoría laboral específica: el preceptor. Estamos frente a un esquema manufacturero clásico. Sin embargo, el régimen manufacturero de trabajo tiene en este ámbito un escaso desarrollo en profundidad. Hay división vitalicia del trabajo, pero esa fragmentación de las tareas es muy acotada. El campo de acción de un docente de una materia particular o de un preceptor sigue siendo enorme. La cantidad de tareas diferentes involucradas, innumerable. Este escaso desarrollo en profundidad de la división de tareas es lo que torna poco viable un sistema de pago a destajo en la docencia.

En todos los niveles del sistema educativo formal la educación reviste un carácter manual. Incluso si se emplean computadoras, estas aparecen como herramientas auxiliares del trabajo humano (y nunca como máquinas). Recordemos que mientras la herramienta es conducida por el hombre y auxilia a este en la ejecución del trabajo, la máquina realiza ella misma el trabajo, actúa en forma directa sobre la materia prima y el obrero actúa solo como su auxiliar, suministrándole materia prima, regulando su velocidad, etc. Por el momento, la mecanización de las actividades de enseñanza se encuentra muy limitada: puedo darle a un niño un celular con una aplicación para que jugando repase las tablas de multiplicación, o cierto vocabulario de un idioma. Pero, esto no remplaza la labor del docente en la construcción del concepto de multiplicación ni la enseñanza de la lengua. El *software* apenas actúa como un complemento de la enseñanza docente y, en general, está destinado a auxiliar al niño en la tarea de estudio en su casa, en las funciones más simples y repetitivas del aprendizaje.

En la medida en que no puede por el momento introducirse una mayor división del trabajo docente, y menos aún una mecanización, la productividad del mismo, en términos cuantitativos, depende de cuántos estudiantes pueden ser instruidos en forma simultanea por un mismo docente. En este punto la enseñanza presencial reviste una

¿Vamos a una educación virtual de masas?

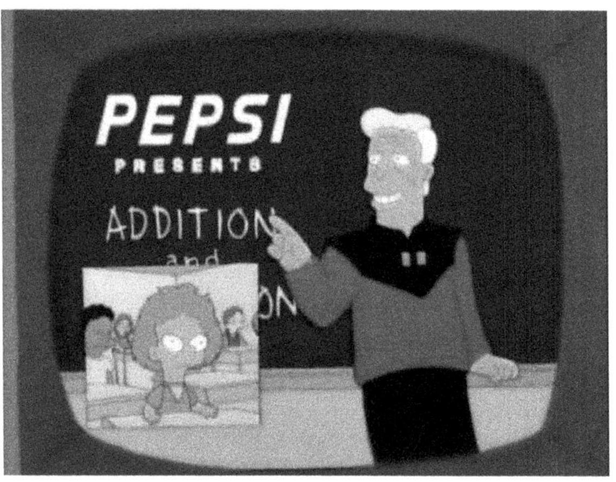

La imagen distópica de una educación de masas virtual que vimos en el capítulo "La boda de Lisa" de Los Simpsons, que algunas corrientes de izquierda creen que amenaza el futuro de la educación, no es más que una quimera.
Un docente en el aula realiza decenas de acciones al mismo tiempo: explica un tema, mantiene la disciplina al no perder de vista al más revoltoso del grado, por las caras, los comentarios, se da cuenta si sus alumnos no entienden algo y necesita explicarlo de otra forma o si se aburren y necesita darle un giro diferente a la clase. Esto sin hablar de cómo aprovecha la interacción constante entre los mismos niños. Toda esta actividad no puede reproducirse en forma online, especialmente si hablamos de educación primaria y secundaria.
La enseñanza virtual demanda más tiempo de trabajo docente, y la asistencia desde el hogar de los padres para obtener un resultado más pobre. Por todo esto la educación a distancia de masas no es viable, ni siquiera deseable, para la burguesía: resulta más barato y eficiente tener a los niños y docentes aprendiendo en las escuelas. En otros ámbitos sociales el teletrabajo podría expandirse en los próximos años, pero no parece haber lugar para él en la educación masiva fuera de la cuarentena.

gigantesca ventaja sobre la enseñanza a distancia.

La multiplicidad de interacciones que se producen en forma simultánea en una clase presencial, por el momento no pueden reproducirse en encuentros sincrónicos *on-line*. Por eso, cualquier enseñanza a distancia demanda más tiempo de trabajo docente. El problema se agrava exponencialmente a medida que aumenta el número de estudiantes. Este problema, presente en todos los niveles educativos, se agrava en el nivel inicial y primario, donde el aprendizaje a distancia solo es posible si al trabajo del docente se añade en el hogar el trabajo de un padre que viene a cumplir la función de auxiliar docente y colabora en múltiples tareas, desde la explicación hasta lograr la atención y disciplina mínima necesaria del infante.

La educación a distancia de masas no es redituable a nivel del sistema educativo: resulta más barato y eficiente tener a los niños y docentes aprendiendo en las escuelas. Tampoco es eficiente desde un punto de vista social: la actuación de los padres como auxiliares docentes para sostener la educación a distancia genera un gasto suplementario de fuerza de trabajo social. En este momento, debido a la emergencia, docentes y padres están desplegando una gigantesca magnitud de trabajo social para intentar sostener el proceso educativo a distancia. En términos sociales eso se justifica por la necesidad de continuar el proceso educativo de nuevas generaciones en medio de la emergencia sanitaria, pero sería imposible de sostener por períodos prolongados. Carecería de sentido desde una óptica social general y también desde una perspectiva burguesa: ¿quién querría volver el trabajo docente menos productivo y por ende más caro?

En consecuencia, en la educación, como en otros campos de actividad, la política correcta es la que acepta las posibilidades que nos brinda la tecnología para proseguir la vida social en medio de la pandemia, con el menor riesgo hacia nuestra salud, pero regular su uso para que el mismo no implique un aumento de la explotación obrera: derecho a la desconexión, pago patronal de internet y de las herramientas necesarias, redefinición a la baja de las tareas máximas a realizar, son algunas de las demandas que podemos levantar.

Postales del futuro

Desde sus inicios el teletrabajo ha tenido un avance mucho más lento del que se esperaba. En principio no todas las actividades pueden hacerse en forma remota. Como vimos, esto es mucho más sencillo en actividades de oficina que en otros sectores. El teletrabajo tiene muchas ventajas para los patrones: ahorro en instalaciones y servicios, dispersión de los obreros, disminución del ausentismo, pero tiene algunas desventajas u obstáculos. Por ejemplo, no resulta conveniente el uso de tecnología de punta, sino aquella ya testeada y de uso más masivo. En ciertos casos se teme por la privacidad de los datos de la empresa y por la capacidad de esta de controlar a sus empleados. En muchas indagaciones sobre el por qué no se avanzaba más sobre esta modalidad, era la dirección de la empresa la que tenía dudas sobre su viabilidad.

Al igual que sucedió con otros acontecimientos históricos de gran magnitud, como las guerras mundiales, con seguridad la pandemia acelere muchas transformaciones. Entre ellas, es posible que el teletrabajo cobre un nuevo impulso. Esto no quiere decir que el mismo se expanda a todas las esferas de la vida social: no todos los trabajos pueden realizarse bajo esta modalidad y mucho menos en forma productiva.

Teletrabajo y vida social

Bajo el capitalismo, con extensas jornadas laborales, muchas veces el trabajo es una de los únicos espacios que las personas tienen para socializar fuera del ámbito doméstico familiar. Por eso, el teletrabajo puede generar sensación de aislamiento, soledad y, en algunos casos, hasta fomentar cuadros depresivos. Pero esto no es una consecuencia directa del teletrabajo, sino del sistema social en el que vivimos. En una sociedad socialista (sin obreros ni empresarios) no habría que mantener parásitos ni existiría el desempleo. Todos trabajaríamos, pero menos cada uno. Sería posible reducir drásticamente la jornada de trabajo. En tal contexto sería perfectamente factible que ciertas actividades se realizaran desde el hogar y esto no implicaría aislamiento, porque las personas tendrían tiempo suficiente para realizar actividades recreativas y sociales fuera de su trabajo.

En gran medida el impacto de la pandemia va a depender de cuánto tiempo debamos mantener el distanciamiento social. Son esperables modificaciones importantes en el trabajo de oficina y de ventas. En gran medida la pandemia acostumbra a los consumidores a recurrir a compras *on-line* y a emplear formatos digitales de ciertos productos, como los libros, pero un avance significativo del teletrabajo en otros sectores, como la educación masiva, es realmente dudoso. En cualquier caso, debemos bregar por una normativa que garantice todos los derechos laborales a los teletrabajadores. Cuando esta modalidad laboral es legislada, pierde muchos de sus atractivos para los empresarios. Por eso, la única manera de evitar que el teletrabajo se transforme en un mecanismo de precarización laboral consiste en organizar a los trabajadores que se emplean bajo esta modalidad y bregar por las mejores condiciones laborales posibles, tanto en las leyes generales como en los convenios sectoriales.

¿Ganas de saber más?

¿Te gustaría leer otros libros y artículos sobre las transformaciones en el trabajo bajo el capitalismo? ¿Querés consultar fuentes, escuchar charlas y podcast sobre el tema? ¿Sos docente y querés material para tus clases?

Podes encontrar todo tipo de material en este link:

razonyrevolucion.org/la-uni/

www.ingramcontent.com/pod-product-compliance
Ingram Content Group UK Ltd.
Pitfield, Milton Keynes, MK11 3LW, UK
UKHW022008190726
13853UKWH00004B/1816